ÉLECTIONS.

ENCORE LES 221!

Marseille. — Imprimerie de Marius OLIVE, sur le Cours, n° 4.

ÉLECTIONS.

ENCORE LES 221!

PAR BARRAS.

Se Vend

CHEZ MARIUS OLIVE,

SUR LE COURS, Nº 4.

1831.

ÉLECTIONS.

ENCORE LES 221!

Il y a bientôt un an que, prophète du malheur, et prévoyant les maux qu'une trop fameuse adresse ne manquerait pas d'attirer sur notre belle France et sur l'Europe entière, je disais aux royalistes de toutes les nuances et de toutes les opinions : N'envoyez pas à la chambre les 221 ; ils ont refusé leur concours au gouvernement, ils se sont mis en hostilité contre lui ; les renvoyer encore c'est s'exposer à des tempêtes. La fidèle Provence écouta ma faible voix et ne donna ses suffrages qu'à des homme qui, véritablement amis de leur pays, qui, sincèrement attachés à nos institutions, en voulaient la conservation, et qui, à l'exemple de leurs adversaires, ne nous étourdissaient pas de leurs cris continuels de *vive la charte,* pour mieux la renverser.

Le mauvais génie de la France prévalut : une majorité rebelle, à laquelle la réunion des opinions les plus opposées, toujours d'accord pour renverser ce qui était, accorda ses suffrages, fut encore nommée. Hommes de bonne foi, à quelque opinion que vous apparteniez, vous pouvez aujourd'hui juger de leurs œuvres, vous con- naissez le sort de nos provinces.

Quoique entraînée dans le naufrage commun , la fidèle Provence souffre moins , et en effet elle doit moins souffrir des maux qui nous acca- blent : joindre la douleur physique à la douleur morale, c'est doublement souffrir ; souffrir et être cause des maux d'autrui, c'est mourir. De- mandez à cet imprudent qui trouvant la course du vaisseau trop lente à son gré, s'empare du gouvernail et le précipite sur un rocher. Telle n'est point la position de la Provence ; fidèle à son Dieu et à son Roi, elle peut fièrement s'écrier : on, je n'ai point partagé le délire de tant d'au- tres provinces qui, trompées par les théories imaginaires des charlatans politiques qui depuis si long-temps exploitent leur crédulité à leur profit, ont, par un vote imprudent et téméraire, plongé la France et l'Europe entière dans un abîme de maux. Non, je n'ai point bu à leur coupe empoisonnée : j'ai vu le danger, je l'ai signalé ; leurs promesses fausses et mensongères, nouvelles syrènes, ne m'ont point charmé. Non, je n'ai point à me reprocher les maux de mon pays ; comme lui je souffre, ses malheurs dou- blent ma souffrance, mais je n'ai point prêché l'insurrection, aucun des 221 n'a eu mes suf- frages : le sang innocent qui a coulé, le sang de mes frères, des Belges, des Italiens et des Polo- nais, ne peut pas et ne doit pas retomber sur moi !

À cette époque je disais à la défection : Les révolutionnaires vous flattent et vous caressent, ils vous recoivent dans leurs rangs ; laissez les arriver à leurs fins, et vous verrez le résultat de leurs promesses ! Que sont-ils devenus, je vous le demande ? un objet de risée et de mépris ; la honte et le remords, voilà leur récompense. Que sont déjà devenus les 221 eux-mêmes ? instrument d'un parti dont le désordre est le seul élément et l'anarchie le seul but, les chants d'allégresse qui les suivaient partout ont cessé ; idoles de la veille, ils sont les victimes du jour, et les ovations triomphales qui présidaient à leur départ et à leur retour se changent aujourd'hui en malédictions, en cris de rage et de mort.

O mon pays, que tu dois être fier ! Mais tout n'est pas fini : de nouvelles tempêtes s'amoncellent, de nouveaux périls se préparent ; ce n'est pas assez que de les avoir prévus, ce n'est point assez que de les avoir signalés, ce n'est point assez que d'avoir voulu les éviter, il faut aujourd'hui les combattre.

Le monstre de l'anarchie lève déjà sa tête hideuse ; l'arbre de 93, arrosé du sang de tes pères, se relève ; cet arbre de terreur et de mort que tu croyais pour jamais abattu souille déjà nos places publiques ; le fruit qu'il porte est un fruit de sang, de nouveaux cannibales brûlent de le cueillir ; ses racines, que tu croyais desséchées, arrosées de nouveau du sang de tes fils et de tes frères (1), poussent avec une nouvelle force. Il ne s'agit pas de l'abattre, il faut l'extirper jusque dans sa plus petite racine : une nouvelle lutte se prépare, un nouveau combat va s'engager ; à ton poste, fidèle Provence !

Un roi que quelques intrigans ont choisi sans mandat et malgré eux pour masquer leurs perfides desseins, un roi qu'ils n'ont pas craint de nommer l'élu du peuple, bien qu'ils se soient gardés d'en appeler à son bon sens et à sa ratification, a dissous, en vertu d'un droit qu'on a bien voulu lui laisser dans une nouvelle charte *qu'on a dit devoir être désormais une vérité*, la chambre qui l'avait nommé ; et cette même chambre, qui n'a pas craint de s'appuyer sur le principe de la souveraineté populaire, en a pourtant dénaturé les conséquences les plus simples, jusques à forcer ce même peuple, qu'elle appelle souverain, à prêter serment à celui qu'ils disent qu'il a nommé roi. N'allez pas croire que ce soit sans motif. Pour eux habitués depuis 89 à se jouer des sermens, tour à tour esclaves du despote ou enfans de la liberté, flatteurs ou ennemis de la restauration, anarchistes ou légitimistes, ils se sont dit : Il n'en est pas ainsi des royalistes ; martyrs de la légitimité, esclaves de l'honneur et de leurs devoirs, ils lui furent, ils lui seront toujours fidèles ; un serment pour eux est sacré, le parjure leur est inconnu. Convaincus qu'ils étaient

______

(1) Les gardes royaux, victimes de leur fidélité.

eux-mêmes qu'une fois arrivés au pouvoir, ils ne pourraient seulement pas continuer le bien de leurs devanciers, qu'ils accablaient d'injures depuis quinze ans, qu'ils accusaient d'ignorance et d'ineptie ; certains que la prospérité dont ils nous faisaient jouir serait remplacée par un déluge de maux, ils se dirent : A l'œuvre on reconnaît l'ouvrier, notre règne sera de courte durée ; aux prochaines élections le bon sens des électeurs en va faire justice : trompés par nos belles théories, l'œuvre pratique les désabusera ; la force du mal que nous leur ferons les ramènera malgré eux et malgré nous vers le bien que nous leur aurons ravi. Avisons avant tout aux moyens de nous perpétuer au pouvoir et de nous conserver les suffrages. Les royalistes abattus reprendront courage, nos dupes se joindront à eux, aux prochaines élections notre règne est fini. Bien que le peuple soit souverain, bien que nous prêchions la suppression de tout privilége, gardons-nous bien de lui donner le droit de voter ; bien que le peuple souverain ne doive pas de serment à celui qu'il a nommé roi, imposons-lui le serment ; les royalistes ne savent point se parjurer, quelques voix éloquentes protesteront hautement contre cette violation des principes, mais elles tonneront en vain. Royalistes, telle est la rude épreuve à laquelle ils vous ont soumis ; sensibles à l'honneur, c'est de ce côté qu'ils ont dirigé leurs attaques. Le serment dont ils se sont toujours fait un jeu, le serment qui dans leurs mains a été une arme si meurtrière pour renverser une dynastie de huit siècles, deviendra-t-il encore pour eux aujourd'hi une arme tellement forte qu'il puisse perpétuer leur triomphe ?

Électeurs royalistes, devez-vous, oui ou non, prêter le serment ? devez-vous ou ne devez-vous pas aller aux élections ? Telle est la grave question qui vous préoccupe en ce jour ; de sa solution dépend peut-être votre arrêt de vie ou de mort. Vouloir la résoudre définitivement est une tâche au dessus de mes forces ; je n'ai point cette prétention : la conscience seule doit être votre guide. Choisissez parmi vous les plus habiles, les plus expérimentés, les plus sages, les plus influens ; soumettez-leur vos doutes et vos certitudes, vos craintes et vos espérances ; rapportez-vous-en à leurs lumières et à leur sagesse, et rendez vous à l'avis qu'ils auront une fois adopté. Quel qu'il soit, ne vous divisez pas ; n'oubliez pas ces paroles sinistres et d'horrible mémoire : *alliance avec les jacobins le plus tard possible, avec les royalistes jamais.*

Quant à moi, je me permettrai seulement de vous soumettre les observations que l'amour de mon pays, que l'horreur de l'anarchie et que des affections bien sincères à la famille déchue et au dernier rejeton de cette race auguste peuvent me suggérer.

Laissant de côté la question de conscience, je n'examinerai le serment demandé que sous le rapport de droit.

Toutes les opinions sont unanimement d'accord que le serment imposé aux électeurs et aux députés est un contre-sens véritable, une absurdité, une violation manifeste du principe de la souveraineté populaire. En effet, là où le peuple est souverain il n'y a personne au dessus de lui, sa volonté seule doit faire la loi. Le serment est et doit être de sa nature immuable ; le prêter lorsque la volonté peut et a le droit de changer, est la plus énorme comme la plus ridicule des contradictions. Le peuple souverain prêter serment à celui qu'il a élu, à celui qu'il a le droit d'élire, et que par une conséquence naturelle du principe de la souveraineté populaire, il aurait le droit de changer, est plus qu'une contradiction ; c'est une monstruosité. Législateurs imprudens, pourquoi proclamer le principe si vous n'en voulez pas subir les conséquences ? Si le peuple est souverain, le serment demandé est donc nul : conclure de là que vous avez le droit de le refuser parce qu'il est contraire à son principe, est une conclusion juste, une conclusion de droit ; en conclure que vous pouvez le prêter sans être lié, est une question de conscience.

En droit, il est de principe que ce qui est nul ne peut pas lier : *quod est nullum, nullum habet effectum*. Si, après un mûr examen, vous décidez dans votre sagesse que vous pouvez le prêter sans être lié, courez, volez aux élections ; si vous décidez le contraire, vous devez encore examiner quelle est sa nature, quelle est sa durée, quelles sont les obligations qu'il vous impose; et quel est le but dans lequel vous devez le prêter. A moins d'avoir joué un rôle dans la comédie de 15 ans, nul ne peut révoquer en doute qu'un fonctionnaire public qui prête serment de fidélité au roi qui l'investit de sa confiance ne doive le servir avec fidélité et remplir avec zèle les fonctions qu'il lui a confiées. Mais si, par destitution ou démission, il vient à cesser ces fonctions, nul doute non plus qu'à dater de ce jour il ne soit délié du serment qu'il avait prêté, et qu'il ne rentre dans la société le même homme qu'il en était sorti, c'est-à-dire, d'après le principe du jour, fraction de la souveraineté populaire, et par conséquent entièrement libre d'avoir telle ou telle opinion, tel ou tel principe politique.

Dans quel but et pour quel motif allez-vous prêter le serment demandé, quel est votre mandat, quelles sont vos fonctions et quelle est leur durée? C'est pour choisir un député qui soutienne énergiquement vos droits et vos intérêts contre les illégalités et les empiétemens du pouvoir; qui surveille l'emploi de vos deniers, dont il est souvent trop prodigue, et dont le gouvernement du jour me paraît plus prodigue encore, si les prodigalités reprochées au gouvernement précédent existaient; et pour que vos mandataires remplissent fidèlement le mandat que vous leur confiez; c'est, en un mot, pour choisir les plus dignes. La loi ne vous dit pas encore quels seront les plus dignes, c'est à vous de choisir;

ce choix une fois fait, vos fonctions cessent, vous rentrez dans la vie privée. Les obligations du serment une fois remplies, il me paraît simple et naturel d'en conclure que vous n'êtes pas plus liés que vous ne l'étiez avant de l'avoir prêté.

Je vais plus loin : en admettant même que le serment une fois prêté puisse vous lier pour toujours et définitivement envers celui qu'on a nommé roi sans votre participation et sans votre concours, vous devez mûrement examiner si des considérations d'un ordre plus élevé, si des considérations de conservation et de salut public ne doivent pas même vous imposer le sacrifice de vos affections ; si la crainte de l'anarchie qui vous menace ne doit pas l'emporter sur vos regrets et sur vos espérances ; et si vous ne devez pas, en horreur de cette anarchie, prêter votre appui à un pouvoir que vous n'avez ni créé ni désiré, pour le soutenir contre la perspective de cette horrible fléau et de tous les maux qu'il entraîne sa suite. Vous devez examiner attentivement si votre appui peut ou non lui être utile pour repousser ce monstre précurseur de terreur et de mort.

Vous ne devez pas perdre de vue qu'en vous privant de défenseurs intrépides et courageux de vos droits, vous vous livrez, pour ainsi dire, pieds et poings liés à la merci de vos ennemis ; que vous vous exposez, vous, vos familles et l'immense majorité de la nation, aux visites domiciliaires, aux arrestations illégales et à toutes les poursuites que la persécution la plus révoltante et la plus révolutionnaire pourra imaginer. Ah ! si lorsque le jacobinisme qui lève aujourd'hui sa tête altière traite avec tant d'ingratitude les 221, qui, amis imprudens, ont préparé son triomphe, de quelle manière ne vous traitera-t-il pas vous-mêmes, si vous ne lui opposez point de digue ? Vous devez examiner si une minorité quelconque, forte et courageuse qu'elle soit, ne pourra pas vous préserver de tous ces fléaux, et si elle n'est pas tellement nécessaire que vous n'attendiez votre salut que de l'excès du mal.

Et si, dans l'intérêt de la France, vous les sacrifiez ces affections, ces regrets et ces espérances, doutez-vous donc du cœur de ceux pour qui vous vous imposez ce sacrifice ? Lui être utile, la préserver des horreurs de l'anarchie et des maux qui marchent à sa suite, c'est encore la servir, cette noble famille, qui pendant tant de siècles a fait son bonheur, et qui, fidèle aux vœux du roi-martyr, a non seulement su pardonner à ses ennemis, mais les combler encore de bienfaits. Tant d'ingratitude pouvait-elle se supposer ?

Encore une considération, électeurs royalistes, fidèles Provençaux : et si la providence réserve à votre pays une de ces catastrophes qu'il n'est point au pouvoir des rois et des peuples d'empêcher, qui ne vous a pas dit que dans le naufrage commun quelques-uns de vos mandataires pourront devenir alors votre ancre d'espérance ? Qui ne vous a point dit que la force de leur éloquence, leur sublime dévouement pourront seuls arrêter le torrent dévastateur qui menace de tout emporter?

Electeurs royalistes, telles sont les graves considérations que je soumets à vos méditations; elles sont dignes de vous, elles sont dignes de votre attention. Réunissez-vous, communiquez-vous vos craintes et vos espérances; agissez de concert, plutôt ne pas voter que de vous désunir. Mais si la majorité est d'avis de voter, votez tous avec zèle et confiance. Vos candidats désignés, réunissez tous vos suffrages, que pas une seule voix ne soit perdue; vous les connaissez, ils en sont tous dignes : un d'eux a depuis long-temps fait ses preuves. Mais, ô fidèles Provençaux, vous qui les avez refusés aux 221, fauteurs et auteurs de tous les maux de notre belle France, un juste sentiment d'orgueil doit aujourd'hui redoubler votre ardeur. Parmi eux la plus grande partie sont vos compatriotes, sortis des rangs d'une magistrature qu'ils ont volontairement et loyalement abandonnée, emportant l'estime de leurs confrères et les regrets de tous les gens de bien; leurs talens vous sont connus. Capitale de la Provence, ma patrie, réjouis toi! ils sont tes enfans. Nommer M. Pazery de Thorame, c'est rappeler à la province les vertus et les talens d'un magistrat dont elle s'enorgueillit; nommer M. Billot, c'est personnifier le dévouement; parler de sa noble protestation à l'acte additionnel des cent-jours et de sa noble conduite dans le procès des malheureux ministres, c'est rappeler des traits d'héroisme et de gloire. Mais que pourrai-je dire en faveur de ce jeune et brillant défenseur de *la Gazette du Midi?* ce que je puis vous dire, ses ennemis l'ont applaudi : n'est-ce pas là le présage des plus grands succès? Honneur et mille fois honneur à ces illustres avocats qui, bien pénétrés de leur noble mission, se vouent courageusement à la défense des opprimés, et qui ne font usage du beau talent dont la nature les a doués qu'en prêchant des principes de religion, d'ordre et de légitimité! Honte, honte éternelle à ces déclamateurs imprudens et insensés qui, avides de popularité, en appellent aux passions de la multitude qu'ils exploitent à leur profit, et qui, pour satisfaire leur insatiable ambition, précipitent tout un royaume dans un abîme de maux! Electeurs royalistes, fidèles Provençaux, vous êtes en majorité, vous l'avez prouvé en 1830, prouvez-le en 1831. Vous le pouvez : ou votez tous, ou ne votez pas de tout; mais dans ce cas qu'une protestation unanime et énergique atteste votre nombre et vos principes. Si vous le refusez ce serment que des hommes habitués à le trahir vous ont sciemment imposé, protestez hautement contre son injustice; si vous le prêtez, rendez-vous tous à votre poste : l'abandonner est un acte de lâcheté. Agissez de concert, vous êtes sûr de l'emporter; mais surtout, je vous en conjure, point de désunion, et votre triomphe est assuré; pénétrez-vous bien de cette devise des anciens preux : *Fais ce que dois, advienne que pourra.*

www.ingramcontent.com/pod-product-compliance
Lightning Source LLC
Chambersburg PA
CBHW051503060726
47596CB00007B/2892